播音员主持人

最易读错的 100 个地名

姚喜双 邹 煜 主编

商务印书馆
The Commercial Press

图书在版编目(CIP)数据

播音员主持人最易读错的100个地名 / 姚喜双，邹煜主编. — 北京：商务印书馆，2023
ISBN 978 – 7 – 100 – 21869 – 6

Ⅰ.①播… Ⅱ.①姚…②邹… Ⅲ.①汉字—错别字—辨别 Ⅳ.① H124.1

中国版本图书馆 CIP 数据核字 (2022) 第 223204 号

权利保留，侵权必究。

播音员主持人最易读错的100个地名
姚喜双　邹煜　主编

商　务　印　书　馆　出　版
（北京王府井大街36号　邮政编码 100710）
商　务　印　书　馆　发　行
北京市白帆印务有限公司印刷
ISBN 978 – 7 – 100 – 21869 – 6

2023年5月第1版	开本 880×1230　1/32
2023年5月北京第1次印刷	印张 4

定价：48.00 元

主　　编：姚喜双　邹　煜
主编助理：张茹淇　邱哲文　章晓杰
编　　写：（按音序排列）
　　　　　陈　婷　高　岚　何　晓　黎　慧
　　　　　娄佳琪　邱哲文　王楚楚　王燕燕
　　　　　习维佳　姚喜双　张茹淇　章晓杰
　　　　　朱芷萱　邹　煜

本项工作得到国家社科基金（No. 12BXW024）和中国博士后科学基金（No. 2013M540912）的支持

前　言

《中华人民共和国国家通用语言文字法》规定："国家通用语言文字是普通话和规范汉字"。"国家推广普通话，推行规范汉字。""地方各级人民政府及其有关部门应当采取措施，推广普通话和推行规范汉字。"其中，各级各类媒体对于国家通用语言文字的规范使用具有重要影响力。

根据《中华人民共和国国家通用语言文字法》以及国家新闻出版广电总局等的相关规定，广播电视节目要规范使用国家通用语言文字，要在推广普及普通话、推行规范汉字方面起到带头示范作用。因为媒体在向大众传播信息的同时，一方面形成、巩固和丰富着国家通用语言文字的规范和标准，另一方面也向社会传播着国家通用语言文字的规范和标准。多年来，媒体在推广普及普通话、推行规范汉字方面发挥了重要的榜样作用。比如，提到普通话的标准读音，人们自然而然就会想到并去参照播音员主持人的读音。播音员主持人的语音成为了普通话的语音样板。

然而，在近年来的调查中我们发现，在播音员主持人的大量播音主持实践中，在电视新闻字幕中，时常也会有不少语言文字的差错出现。经过研究，这些差错都有一定的规律可循，看似数量偏多但差错类型有限，有些差错甚至会反复出现。掌握了这些规律、了解了这些最容易出错的词语，在避免差错方面可以起到事半功倍的效果。2016年9月，我们通过调查编写并由商务印书馆出版了《播音员主持人最易读错的100个字》《播音员主持人最易读错的100个词语》和《电视新闻字幕中最易写错的100个词语》三本小册子，得到了广大播音员主持人以及播音主持爱好者的一致好评。在后续调查中我们还发现，除了上述语言文字差错外，有些成语和地名等的读音差错也时常出现在媒体中，故采用之前同样的方法调查后，我们又编写了《播音员主持人最易读错的100个成语》和《播音员主持人最易读错的100个地名》，希望对大家有所帮助。

目 录

凡例 …………………………………… I
词目音序索引 ………………………… III
正文 …………………………………… 1
后记 …………………………………… 107

凡 例

1.本书共收录100个最易读错的地名。

2.词目按首字音序排列,方便检索和查阅;拼音标注依据《汉语拼音正词法基本规则》。

3.每个词目的编排分为两部分:上半部分为主,包括常见错误读音、出错率、使用频次和正确读音;下半部分给出该词语的简要释义、辨析和例句。

4.出错率是依据问卷调查的结果得来的;使用频次主要是基于中国传媒大学国家语言资源监测与研究有声媒体中心2008—2017年14.2亿字次规模的有声媒体语料(广播电视节目转写文本)而得到。

5.读音、释义和辨析以《普通话异读词审音表》为基础,同时主要参考《现代汉语词典》《现代汉语规范词典》等。由于本书不是一般的字典、词典,因此释义时没有罗列该字的所有义项,辨析时也是有针对性地对容易出错的地方进行重点阐释。

6. 词目均配有例句。例句选自 2013—2017 年的有声媒体语料（个别词目的例句除外）。例句括注出处。

词目音序索引

瑷珲	Àihuī	1
巴彦淖尔	Bāyànnào'ěr	2
巴音郭楞	Bāyīn'guōléng	3
蚌埠	Bèngbù	4
泌阳	Bìyáng	5
并州	Bīngzhōu	6
亳州	Bózhōu	8
长汀	Chángtīng	9
郴州	Chēnzhōu	10
茌平	Chípíng	11
大栅栏	Dàshílànr	12
儋州	Dānzhōu	13
氹仔	Dàngzǎi	14
砀山	Dàngshān	15
磴口	Dèngkǒu	16
繁峙	Fánshì	17

涪陵	Fúlíng	18
阜新	Fùxīn	19
噶尔	Gá'ěr	20
涡阳	Guōyáng	21
邗江	Hánjiāng	22
河曲	Héqū	23
红磡	Hóngkàn	25
洪洞	Hóngtóng	26
桦甸	Huàdiàn	27
桓仁	Huánrén	28
黄陂	Huángpí	29
珲春	Húnchūn	30
蓟县	Jìxiàn	31
尖沙咀	Jiānshāzuǐ	32
监利	Jiànlì	33
井陉	Jǐngxíng	34
静乐	Jìnglè	35
莒县	Jǔxiàn	36
鄄城	Juànchéng	37
筠连	Jūnlián	38

崆峒	Kōngtóng	39
阆中	Làngzhōng	40
乐亭	Làotíng	41
耒阳	Lěiyáng	42
蠡县	Lǐxiàn	43
丽水	Líshuǐ	44
沥滘	Lìjiào	45
临朐	Línqú	46
临沂	Línyí	47
甪直	Lùzhí	48
勐海	Měnghǎi	49
汨罗	Mìluó	50
渑池	Miǎnchí	51
穆棱	Mùlíng	52
讷河	Nèhé	54
番禺	Pānyú	55
邳州	Pīzhōu	56
郫县	Píxiàn	57
濮阳	Púyáng	58
綦江	Qíjiāng	59

蕲春	Qíchūn	60
犍为	Qiánwéi	61
邛崃	Qiónglái	62
曲阜	Qūfù	63
歙县	Shèxiàn	64
莘县	Shēnxiàn	65
嵊州	Shèngzhōu	66
濉溪	Suīxī	67
台州	Tāizhōu	68
郯城	Tánchéng	70
潭柘寺	Tánzhèsì	71
潍坊	Wéifāng	72
吴堡	Wúbǔ	73
吴圩	Wúxū	74
武陟	Wǔzhì	75
婺源	Wùyuán	76
解州	Xièzhōu	77
忻州	Xīnzhōu	79
莘庄	Xīnzhuāng	80
荥阳	Xíngyáng	81

岫岩	Xiùyán	82
盱眙	Xūyí	83
浚县	Xùnxiàn	84
焉耆	Yānqí	85
铅山	Yánshān	86
兖州	Yǎnzhōu	87
漾濞	Yàngbì	88
黟县	Yīxiàn	89
弋阳	Yìyáng	90
鄞州	Yínzhōu	91
邕江	Yōngjiāng	92
蔚县	Yùxiàn	93
乐清	Yuèqīng	94
郧县	Yúnxiàn	95
曾厝垵	Zēngcuò'ān	96
柞水	Zhàshuǐ	97
长子	Zhǎngzǐ	99
肇庆	Zhàoqìng	100
芝罘	Zhīfú	101
中牟	Zhōngmù	102

颛桥	Zhuānqiáo	103
涿州	Zhuōzhōu	104
秭归	Zǐguī	105
枞阳	Zōngyáng	106

瑷珲　Àihuī（√）

Huányuán（×）	出错率	57.2%
	频次	50

释　地名，在黑龙江。

辨　"瑷"正确读音为 ài。

　　"珲"有两种读音：huī 和 hún。二者易混淆。

　　读 huī 时，用于地名，如"瑷珲"，在黑龙江。

　　读 hún 时，用于地名，如"珲春"，在吉林。

例　① 黑龙江日前将黑河市爱辉区、爱辉镇政区名称用字恢复为**瑷珲**（Àihuī）。（2015 年 5 月 18 日中央电视台《新闻联播》）

　　② 黑河市**瑷珲**（Àihuī）区将于正月十六日举办上元节活动，游客们可参与猜灯迷、闹秧歌、滚冰卖病、雪雕比赛等活动，感受俄罗斯风情与民俗新体验碰撞出的文化交融年味。（2017 年 1 月 26 日黑龙江电视台《龙视新闻》）

巴彦淖尔　Bāyànnào'ěr（√）

Bāyánzhuó'ěr（×）	出错率	87.1%
Bāyànzhuó'ěr（×）	频次	717
Bāyánnào'ěr（×）		

释　地名，在内蒙古。

辨　"彦"正确读音为 yàn。"彦"主要义项有：①有才德的人。②姓。

"淖"正确读音为 nào，意为烂泥，泥坑。"淖尔"指湖泊（多用于地名）。

例　① 金秋十月，内蒙古**巴彦淖尔**（Bāyànnào'ěr）的数万亩葵花迎来了大丰收，农户年初与企业签下收购订单，葵花籽成熟后就地加工成成品直接出口，在保证葵花籽品质的同时，也降低了运输和转手成本。（2017年10月13日中央电视台《新闻联播》）

② 内蒙古**巴彦淖尔**（Bāyànnào'ěr）市乌拉特后旗与蒙古国接壤，边境线长195公里，牧民居住分散。（2017年11月27日中央人民广播电台《新闻和报纸摘要》）

巴音郭楞　Bāyīn'guōléng（√）

Bāyīn'guōlèng（×）	出错率	78.5%
	频次	232

释 地名，在新疆。

辨 "楞"正确读音为 léng，易受形近字"愣"影响错读成 lèng。"楞"义同"棱"。参见本书"穆棱"词条。

例 ① 英雄西尔艾力·艾比是维吾尔族青年，他生活在**巴音郭楞**(Bāyīn'guōléng)蒙古自治州，被他救起的是汉族同胞，和他一起救人的战友也来自不同的民族。（2014年6月13日中央电视台《焦点访谈》）

② 一大早，**巴音郭楞**（Bāyīn'guōléng）蒙古自治州尉犁县达西村村民买买提就忙着上网查订单、打电话调货。（2015年9月20日中央人民广播电台《新闻和报纸摘要》）

蚌埠　Bèngbù（√）

Bàngbù（×）	出错率	54%
	频次	4191

释 地名，在安徽。

辨 "蚌"有两个读音：bèng 和 bàng。二者易混淆。

读 bèng 时，用于地名，如"蚌埠"。

读 bàng 时，表示有两个椭圆形介壳、可以开闭的软体动物。

"埠"正确读音为 bù。"埠"主要义项有：①码头，多指有码头的城镇，如"船埠"。②商埠，如"开埠"。

例 ① 上午9点，记者来到京沪高铁**蚌埠**（Bèngbù）南站，看到售票大厅秩序井然，售取票机及窗口前没有出现排长队的现象。（2013年1月9日中央人民广播电台《央广夜新闻》）

② 今天早上，安徽大部分地区大雾迷城。合肥、**蚌埠**（Bèngbù）等地部分路段能见度不足20米。（2013年12月4日中央人民广播电台《全国新闻联播》）

泌阳　Bìyáng（√）

Mìyáng（×）	出错率	70.3%
	频次	141

释　地名，在河南。

辨　"泌"有两个读音：bì 和 mì。二者易混淆。

读 bì 时，用于地名，如"泌阳"。

读 mì 时，表示分泌，如"泌尿器"。

例　① 2012 年 5 月，失去双亲和祖父母的小新从驻马店泌阳（Bìyáng）县城跟着老乡去了北京。（2013 年 8 月 30 日中央人民广播电台《央广夜新闻》）

② 经当地警方和政府有关部门调查，2011 年，泌阳（Bìyáng）县的数家农村信用社分社的职员，联合成立河南海德置业有限公司，在泌阳（Bìyáng）县投资房地产项目。（2016 年 6 月 8 日中央人民广播电台《新闻纵横》）

并州　Bīngzhōu（√）

Bìngzhōu（×）	出错率	78.5%
	频次	128

释　山西太原的别称。

辨　"并"有两个读音：bīng 和 bìng。二者易混淆。

读 bīng 时，表示山西太原的别称。

读 bìng 时，主要义项有：①合在一起，如"归并"。②两种或两种以上的事物平排着，如"并蒂莲"。③表示不同的事物同时存在，不同的事情同时进行，如"两说并存、相提并论"。④用在否定词前面加强否定语气，强调说明事实不是对方所说的或一般所认为的那样，如"这件事你并没有告诉过我"。⑤并且，如"我完全同意并拥护党委的决定"。⑥用法跟"连"相同（常跟"而、亦"呼应），如"并此而不知"。

例　① 进入 10 月，各项工程已经进入冲刺阶段，并州（Bīngzhōu）路坞城路预计本月中旬主线通车，而全程没有红绿灯的快速中环路也有望在本月底实现部分路段通车。（2013 年 10

月 11 日山西广播电视台《山西新闻联播》）

② 周六下午的一场座谈会，在**并州**（Bīngzhōu）饭店举行。太原古称**并州**（Bīngzhōu），现仍简称为并。（2017 年 2 月 27 日中央人民广播电台《央广夜新闻》）

亳州　Bózhōu（√）

Háozhōu（×）	出错率	75.1%
	频次	2585

释　地名，在安徽。

辨　"亳"正确读音为 bó，易受形近字"毫"影响错读成 háo。

例　① 我国第一个全国性药材价格指数进入运行阶段，继中国铁矿石和木材价格指数之后，药材价格指数是第三个正式发布的国家级价格指数。目前已经覆盖了包括安徽**亳州**（Bózhōu）、河北安国、广东普宁等全国六大主要中药材专业市场，中药材交易量超过了75%。（2013年1月10日中央人民广播电台《天下财经》）

② 在安徽**亳州**（Bózhōu），海马、海龙、全蝎、紫河等多个品种中药材，通过给药虫填喂增重，重量翻了几番。（2013年7月30日中央人民广播电台《全国新闻联播》）

长汀　Chángtīng（√）

Chángdīng（×）	出错率	50.6%
	频次	1257

释　地名,在福建。

辨　"汀"正确读音为 tīng,易受声旁影响错读成 dīng。"汀"表示水边平地。

例　① 这一降一升的数字,是对长汀（Chángtīng）人民实现"百姓富生态美"的最好诠释。（2016年10月4日中央人民广播电台《新闻和报纸摘要》）

② 自2002年林改以后,长汀（Chángtīng）县植树造林近70万亩,森林覆盖率近80%。（2017年7月14日中央电视台《新闻联播》）

郴州　Chēnzhōu（√）

Bīnzhōu（×）	出错率	64%
	频次	3615

[释] 地名，在湖南。

[辨] "郴"正确读音为chēn，易受形近字"彬"影响错读成bīn。"郴"用于地名，如"郴州"，在湖南。

[例] ① 深圳到湖南**郴**州（Chēnzhōu）600公里，男子计划跑回家过年。（2016年1月24日中央人民广播电台《央广夜新闻》）

② 目前，湖南**郴**州（Chēnzhōu）已号召社会向这两次参与救人的维吾尔族和汉族小伙子学习，并给他们申报了"见义勇为先进个人"称号。（2016年3月12日中央电视台《新闻联播》）

茌平　Chíping（√）

Rènpíng（×）	出错率	85.7%
	频次	476

释　地名，在山东。

辨　"茌"正确读音为 chí，易错读成 rèn。"茌"主要义项有：①用于地名，如"茌平"，在山东。②姓。

例　① 在茌平（Chíping）几个村子采访出来，记者拨通了当地环保局副局长的电话了解情况，遗憾的是副局长没有接受记者的采访。（2013年3月25日中央人民广播电台《新闻和报纸摘要》）

② 调研组先后考察了茌平（Chíping）县韩屯道德讲堂，临清市部分街道、居委会，并听取了临清市、茌平县有关情况汇报。（2014年9月28日山东人民广播电台《山东新闻》）

大栅栏　Dàshílànr（√）

Dàzhàlán（×）	出错率	75%
	频次	567

释 地名，在北京。

辨 "栅"有两个读音：shān和zhà。二者易混淆。

读shān时，用于"栅极"，多极电子管中最靠近阴极的一个电极，具有细丝网或螺旋线的形状，有控制板极电流的强度、改变电子管的性能等作用。

读zhà时，表示栅栏，如"铁栅"。

"栏"读lán，但是"大栅栏"根据方言古音保留，读作Dàshílànr。

例 ① 记者陪他们逛了天安门周边的前门大街、**大栅栏**（Dàshílànr）、国家大剧院和新华门，吃了北京老字号的涮羊肉，喝了瓷罐装的酸奶。（2013年10月19日中央人民广播电台《新闻纵横》）

② 北京前门的**大栅栏**（Dàshílànr）是条百年古街。这里有27家中华老字号。（2017年2月1日中央电视台《新闻联播》）

儋州　Dānzhōu（√）

Zhānzhōu（×）	出错率	81.9%
Dànzhōu （×）	频次	759

释 地名，在海南。

辨 "儋"正确读音为dān，易受声旁影响错读成zhān。

例 ①今天上午，海南**儋州**（Dānzhōu）捕捞船队从白马井渔港起航，赴南沙渔场开展专项捕捞生产活动。（2013年5月6日中央人民广播电台《央广夜新闻》）

②目前全省26 916艘渔船已经回港避风，之前失去联系的一艘**儋州**（Dānzhōu）渔船也已经找到。（2013年6月22日中央人民广播电台《全国新闻联播》）

氹仔 Dàngzǎi（√）

Dāngzǎi（×）	出错率	76.7%
	频次	38

释　地名，在澳门。

辨　"氹"正确读音为 dàng。义项同"凼"（多用于地名）。"凼"指水坑，田地里沤肥的小坑，如"水凼"。

例　① 当天下午，吴邦国一行前往氹仔（Dàngzǎi）岛官也街，接触当地民众和游客。（2013年2月22日中央人民广播电台《新闻和报纸摘要》）

② 行政区域调整后，澳门特别行政区的行政区域界线包括陆地和海上两部分：陆地部分包括澳门半岛、氹仔（Dàngzǎi）岛和路环岛，与广东省陆界相连；海上部分将过去的习惯水域管理范围明确定为海域面积85平方千米。（2015年12月20日中央电视台《新闻联播》）

砀山　Dàngshān（√）

Shàngshān（×）	出错率	66.4%
Yángshān（×）	频次	749

释　地名，在安徽。

辨　"砀"正确读音为 dàng。用于地名，如"砀山"，在安徽。

例　① 截至中午1点，安徽全省24个市县今年首次发布高温橙色预警。今天**砀山**（Dàngshān）的温度高达39.4度，创今年高温纪录。（2013年6月17日中央人民广播电台《全国新闻联播》）

② 初二上午，**砀山**（Dàngshān）县春节民俗表演的重头戏"斗羊"在黄河故道湿地公园举办。（2015年2月21日中央人民广播电台《新闻和报纸摘要》）

磴口　Dèngkǒu（√）

Dēngkǒu（×）	出错率	76.7%
	频次	98

释 地名，在内蒙古。

辨 "磴"正确读音为 dèng，易错读成 dēng。"磴"常用于台阶、楼梯等，如"五磴台阶"。

例 ① 在内蒙古**磴口**（Dèngkǒu）县乌兰布和沙漠边缘，50兆瓦光伏农业科技大棚电站项目正在紧张施工。（2017年2月1日中央人民广播电台《新闻和报纸摘要》）

② 紧邻乌兰布和沙漠的**磴口**（Dèngkǒu）县，风沙肆虐是常态。（2017年6月17日中央电视台《新闻联播》）

繁峙　Fánshì（√）

Fánzhì（×）	出错率	79.8%
	频次	285

释　地名，在山西。

辨　"峙"有两个读音：zhì 和 shì。二者易混淆。

读 zhì 时，表示耸立、屹立，如"对峙"。

读 shì 时，用于地名，如"繁峙"，在山西。

例　① 正在实施的艾蒿梁村、安家山村填沟造地项目是**繁峙**（Fánshì）县生态修复的又一重大项目。目前已投资3500多万元，填沟造地2000多亩，将转型发展生态农业。（2013年9月7日山西广播电视台《山西新闻联播》）

② 据了解，这两条路只有附近五台县和**繁峙**（Fánshì）县两地的居民可以免费通行，外地人开车通过都要收费。（2015年9月14日中央电视台《焦点访谈》）

涪陵　Fúlíng（√）

Péilíng（×）	出错率	81.2%
	频次	1089

释　地名，在四川。

辨　"涪"正确读音为fú。用于水名，如"涪江"，在四川。

例　① "十三五"期间，涪陵（Fúlíng）页岩气田将建成年产能100亿立方米的大气田。（2016年10月30日中央电视台《新闻联播》）

② 重庆涪陵（Fúlíng）页岩气田累计探明地质储量6008亿立方米，成为北美之外最大的页岩气田，而且现在年产能也在增长。（2017年8月15日中央人民广播电台《全国新闻联播》）

阜新　Fùxīn（√）

Fǔxīn（×）	出错率	59.9%
	频次	1456

释　地名，在辽宁。

辨　"阜"正确读音为 fù，易错读成 fǔ。"阜"主要义项有：①土山。②（物资）多，如"物阜民丰"。③姓。

例　①从昨天开始，辽宁省内铁岭、沈阳、阜新（Fùxīn）、朝阳等地再度迎来强降雨，特别是省会城市沈阳迎来大到暴雨。（2016年7月26日中央人民广播电台《新闻纵横》）

②《白山黑水铸英魂——东北军民14年抗战史实展》今天在辽宁阜新（Fùxīn）万人坑死难矿工纪念馆开展。（2017年8月15日中央电视台《新闻联播》）

噶尔　Gá'ěr（√）

Gě'ěr（×）	出错率	80%
Gé'ěr（×）	频次	402

释　地名，在西藏。

辨　"噶"的正确读音为 gá，易受声旁影响错读成 gě。

例　① 走进海拔 4300 多米的西藏阿里地区**噶尔**（Gá'ěr）县，紫花苜蓿草和红柳树相织而成的城市景观带将这一高原戈壁之城点缀得绿意盎然。（2015 年 3 月 17 日中央人民广播电台《新闻和报纸摘要》）

② 代表团视察**噶尔**（Gá'ěr）县加木村村委会，看望慰问驻村工作队，了解农牧业生产和基层党建工作情况，到家中看望慰问农牧民党员和双联户。（2015 年 9 月 10 日中央电视台《新闻联播》）

涡阳　Guōyáng（√）

Wōyáng（×）	出错率	87.5%
	频次	372

释　地名，在安徽。

辨　"涡"有两个读音：guō 和 wō。二者易混淆。

读 guō 时，用于地名和水名，如"涡河、涡阳"。

读 wō 时，表示旋涡，如"水涡"。

例　① 他每天将石料从平山口拉到**涡阳**（Guōyáng）县，濉溪段收费站是必经之地。（2013年12月10日中央人民广播电台《新闻纵横》）

② 他表示，媒体报道"7月份，老家**涡阳**（Guōyáng）发生干旱，他家赖以生存的6亩水田和麦田绝收"这样的表述是不准确的。（2014年11月16日中央人民广播电台《新闻晚高峰》）

邗江　Hánjiāng（√）

Gànjiāng（×）	出错率	88.4%
	频次	187

释　地名，在江苏。

辨　"邗"正确读音为 hán，易受声旁影响错读成 gàn。

例　① 扬州**邗江**（Hánjiāng）区的头桥镇多年来自发形成了一个位居全国第四的医用耗材集散地。（2014年6月3日中央人民广播电台《新闻晚高峰》）

② 隋炀帝墓是2013年在扬州**邗江**（Hánjiāng）区被考古人员发现的，墓中的400多件墓志、玉器、铜器等珍贵文物验证了墓主人隋炀帝的身份。（2015年4月21日中央人民广播电台《新闻纵横》）

河曲　Héqū（√）

Héqǔ（×）	出错率	54.7%
	频次	352

释　地名，在山西。

辨　"曲"有两个读音：qū 和 qǔ。二者易混淆。

读 qū 时，主要义项有：①弯曲（跟"直"相对），如"曲线"。②使弯曲，如"曲肱而枕"。③弯曲的地方，如"河曲"。④不公正，无理，如"是非曲直"。⑤姓。⑥用曲霉和它的培养基制成的块状物，用来酿酒和制酱。

读 qǔ 时，主要义项有：①一种韵文形式，盛行于元代。②歌曲，如"曲调"。③歌谱。

例　① 河曲（Héqū）县振钢化工癸二酸项目是当地化工企业产业扶贫项目。投产达效后，可实现当地经济作物蓖麻的规模化种植、产业化发展，受益农民4.8万户。（2013年8月29日山西广播电视台《山西新闻联播》）

② 2006年，二人台被列入第一批国家级非物质文化遗产名录。正是在那一年，作为二人

台的发源地,**河曲**(Héqū)县好不容易重新成立了二人台剧团。(2015年12月30日中央人民广播电台《新闻纵横》)

红磡　Hóngkàn（√）

Hóngkān（×）	出错率	87.5%
	频次	246

释　地名，在香港。

辨　"磡"正确读音为 kàn，易错读成 kān。"磡"指山崖，多用于地名，如"磡头"，在安徽。

例　① 去年10月开始，微信开始发力，在红磡（Hóngkàn）隧道、地铁、巴士等地大量投放广告。（2013年2月6日中央人民广播电台《新闻晚高峰》）

② 1994年，"魔岩三杰"何勇、张楚、窦唯在香港红磡（Hóngkàn）体育场举办演唱会，万人空巷，至今仍被视为中国摇滚乐的巅峰时刻。（2017年3月29日凤凰卫视《冷暖人生》）

洪洞　Hóngtóng（√）

Hóngdòng（×）	出错率	57.1%
	频次	986

释 地名，在山西。

辨 "洞"有两个读音：dòng 和 tóng。二者易混淆。

读 dòng 时，主要义项有：①物体之间的穿通的或凹入较深的部分，如"洞穴"。②穿透，如"弹洞其腹"。③说数字时在某些场合用来代替"0"。④深远，透彻，如"洞若观火"。

读 tóng 时，用于地名，如"洪洞"，在山西。

例 ① 据了解，**洪洞**（Hóngtóng）曲亭水库建于1960年，是一座以蓄清拦洪、灌溉为主，综合利用的中型水库，冬季取水量在2000万立方米左右。（2013年2月18日中央人民广播电台《新闻纵横》）

② 600年前的明朝初年，一场声势浩大的移民使山西**洪洞**（Hóngtóng）"大槐树"成了亿万移民后裔魂牵梦绕的精神家园。（2015年4月5日中央人民广播电台《央广夜新闻》）

桦甸　Huàdiàn（√）

Yèdiàn （×）	出错率	58.9%
Huádiàn（×）	频次	435

释　地名，在吉林。

辨　"桦"正确读音为 huà，易受形近字"烨"影响错读成 yè，或受声旁影响错读成 huá。

例　① 记者在**桦甸**（Huàdiàn）市红石镇受灾最为严重的砂场小区看到，该小区位于山脚下，地势要比周围低很多，砂场小区内大部分积水已经退去，但是低洼处仍有不少存水。（2013年8月17日中央人民广播电台《新闻纵横》）

② 让永吉街棚户区的这些居民们没想到的还有一件，就是**桦甸**（Huàdiàn）市去年推出的一项新政策：房屋征收在"拆一还一"的基础上，再根据相关条件奖励和赠送一定面积。（2015年2月6日中央电视台《新闻联播》）

桓仁　Huánrén（√）

Héngrén（×）	出错率	54.6%
	频次	120

释　地名，在辽宁。

辨　"桓"正确读音为huán，易受形近字"恒"影响错读成héng。

例　① 通化市195个客运班次，116个待发，发往各市县的班次受到不同程度影响，截至记者发稿时，发往沈阳、**桓仁**（Huánrén）、丹东、宽甸的班车依然全线停发。（2015年11月23日中央人民广播电台《央广夜新闻》）

② 今年年初，本溪市以贫困人口相对集中的本溪满族自治县和**桓仁**（Huánrén）满族自治县的30个扶贫村为试点，启动"法律援助服务精准扶贫"工作，建立"一村一档""一户一卡"的管理工作模式。（2017年10月12日中央人民广播电台《央广夜新闻》）

黄陂 Huángpí（√）

Huángpō（×）	出错率	78.4%
Huángbí（×）	频次	422

[释] 地名，在湖北。

[辨] "陂"有三个读音：bēi、pí 和 pō。三者易混淆。

读 bēi 时，主要义项有：①池塘，如"陂塘"。②水边，岸。③山坡。

读 pí 时，用于地名，如"黄陂"，在湖北。

读 pō 时，指倾斜不平，不平坦，如"陂陀"。

[例] ① 7 月 7 日晚上，作为武汉天河机场重要防汛屏障，**黄陂**（Huángpí）区童家湖拦渍堤虽经军民连续抢险，但仍险象环生，面临溃坝危险，并且危及天河机场的安全。（2016 年 7 月 9 日中央人民广播电台《新闻纵横》）

珲春　Húnchūn（√）

Huīchūn（×）	出错率	83.9%
	频次	1540

释　地名，在吉林。

辨　"珲"有两个读音：huī 和 hún。二者易混淆。

读 huī 时，用于地名，如"瑷珲"，在黑龙江。

读 hún 时，用于地名，如"珲春"，在吉林。

例　① 2012—2014 年，在吉林省东部**珲春**（Húnchūn）及周边地区，生存着至少 27 只东北虎、42 只东北豹。（2017 年 8 月 19 日中央人民广播电台《央广夜新闻》）

② 吉林省各地节日气氛浓厚，**珲春**（Húnchūn）市精神文明建设委员会发放了 6000 面小国旗，让五星红旗飘扬在城市的每一个角落。（2017 年 10 月 1 日中央人民广播电台《全国新闻联播》）

蓟县 Jìxiàn（√）

| Jīxiàn（×） | 出错率 | 58.3% |
| | 频次 | 2844 |

释 地名，在天津。

辨 "蓟"正确读音为 jì，易错读成 jī。"蓟"主要义项有：①古地名，在今北京城西南，曾为周朝燕国国都。②用于地名，如"蓟县"，在天津。③姓。

例 ① 在冀东抗日革命根据地天津**蓟县**（Jìxiàn）罗庄子镇的抗日战争纪念碑前，近百名中小学师生向无名烈士墓的烈士们敬献亲手制作的花圈。（2015年4月5日中央人民广播电台《全国新闻联播》）

② 根据最新雷达监测显示，目前强降雨系统主体已基本覆盖天津市，除北部**蓟县**（Jìxiàn）以外均出现大到暴雨。（2016年7月20日中央人民广播电台《央广夜新闻》）

尖沙咀　Jiānshāzuǐ（√）

Jiānshāzǔ（×）	出错率	58.5%
Jiānshājǔ（×）	频次	294

释　地名，在香港。

辨　"咀"有两个读音：jǔ 和 zuǐ。二者易混淆。

读 jǔ 时，表示嚼，如"咀嚼"。

读 zuǐ 时，多用于地名，如"尖沙咀"，在香港。

例　① 鼠标轻轻一点，你就可以坐在电脑前看到游人如织的四川九寨沟景区的实时情况，当然也能见到繁华忙碌的香港九龙尖沙咀（Jiānshāzuǐ）。（2015 年 9 月 14 日中央人民广播电台《新闻晚高峰》）

② 九龙尖沙咀（Jiānshāzuǐ）海边，在国旗、区旗和紫荆花图案"灯光秀"的映衬下，静谧浪漫的维多利亚港又添得几分喜气。（2017 年 6 月 29 日中央电视台《新闻联播》）

监利　Jiànlì（√）

Jiānlì（×）	出错率	78.7%
	频次	772

释　地名，在湖北。

辨　"监"有两个读音：jiān 和 jiàn。二者易混淆。

读 jiān 时，主要义项有：①从旁察看，监视，如"监考"。②牢狱，如"收监"。

读 jiàn 时，主要义项有：①古代官府名，如"国子监"。②姓。

例　① 预计明后两天，长江**监利**（Jiànlì）段将持续在设防水位以上，其中**监利**（Jiànlì）至汉口江段、九江江段接近或超过警戒水位。（2016年7月4日中央人民广播电台《全国新闻联播》）

② **监利**（Jiànlì）县在成为"全国水稻第一县"数十年后，又在今年为自己赢取了一项新的桂冠——"中国小龙虾第一县"。（2017年9月10日中央人民广播电台《新闻和报纸摘要》）

井陉 Jǐngxíng（√）

Jǐngjìng（×）	出错率	73%
	频次	2732

释 地名，在河北。

辨 "陉"正确读音为 xíng，易受声旁影响错读成 jìng。"陉"表示山脉中断的地方，山口。

例 ① 这两天，河北**井陉**（Jǐngxíng）南石门村王双廷、王生廷兄弟俩，正忙着和村民们一起进行灾后重建。（2016年8月2日中央电视台《新闻联播》）

② 这个清明节，河北省石家庄市**井陉**（Jǐngxíng）县中乐村的几名村民再次来到烈士墓前。纪念咱们在解放井陉煤矿战争中牺牲的无名烈士，一鞠躬，再鞠躬，三鞠躬。（2017年4月3日中央人民广播电台《新闻和报纸摘要》）

静乐　Jìnglè（√）

Jìngyuè（×）	出错率	60.6%
	频次	297

释　地名，在山西。

辨　"乐"有三个读音：lào、lè和yuè。三者易混淆。

读lào时，用于地名，如"乐亭"，在河北。

读lè时，主要义项有：①快乐，如"欢乐"。②乐于，如"乐此不疲"。③笑，如"逗乐了"。④姓。

读yuè时，主要义项有：①音乐，如"奏乐"。②姓。

例　① **静乐**（Jìnglè）县藜麦种植面积和品质均居全国之首，被中国食品工业协会、花卉果蔬委员会授予"中国藜麦之乡"称号。（2013年9月3日山西广播电视台《山西新闻联播》）

② 2011年，时任山西忻州市**静乐**（Jìnglè）县县委书记的女儿从入读大学开始，就在省疾控中心"吃空饷"长达5年。（2014年9月25日中央人民广播电台《央广财经评论》）

莒县　Jǔxiàn（√）

Lǔxiàn（×）	出错率	80.3%
	频次	1189

释　地名，在山东。

辨　"莒"正确读音为 jǔ，易受声旁影响错读成 lǚ。"莒"主要义项有：①莒县，地名，在山东。②姓。

例　① 日照**莒县**（Jǔxiàn）日前展开大规模行动，抢救性保护代表东夷文明的莒文化，邀请部分学者实地考察，形成具体保护方案。（2013年6月9日山东广播电视台《山东新闻联播》）

② 在山东**莒县**（Jǔxiàn）有一个农村老党员群体。革命年代，他们冲锋陷阵；中华人民共和国成立后，他们回到农村，甘于奉献，让共产党人的本色不断传承。（2014年9月27日中央电视台《新闻联播》）

鄄城　Juànchéng（√）

Yānchéng（×）	出错率	90%
	频次	670

释　地名，在山东。

辨　"鄄"正确读音为 juàn，易受形近字"湮"影响错读成 yān。

例　① 只要家里没事，**鄄城**（Juànchéng）县西曹村村民便会到村里的就业扶贫车间编织藤椅。（2016年4月15日山东广播电视台《山东新闻联播》）

② 截至 2016 年底，**鄄城**（Juànchéng）县共建成扶贫车间 1803 个，吸引 383 家企业入驻，直接安置和带动约 19 万名农村群众在家门口就业，5.7 万多名群众脱贫。（2017年2月24日中央人民广播电台《新闻和报纸摘要》）

筠连 Jūnlián（√）

Yúnlián（×）	出错率	73.9%
	频次	45

释 地名，在四川。

辨 "筠"有两个读音：jūn 和 yún。二者易混淆。

读 jūn 时，用于地名，如"筠连"，在四川。

读 yún 时，主要义项有：①竹子的青皮。②借指竹子。

例 ① **筠连**（Jūnlián）县沐爱镇的卷坪村有特困户 24 户。经过 2 年的危房改造，现在村民们已经搬入新居。家家户户通上了自来水和沼气，村里也建起了水泥路、蓄水池和灌溉渠道，村民们还有了自己的产业——茶叶种植。（2015 年 5 月 30 日中央电视台《新闻联播》）

② 四川**筠连**（Jūnlián）县春风村属于喀斯特地貌。全村 90% 的地方是石头。（2016 年 4 月 21 日中央电视台《新闻联播》）

崆峒 Kōngtóng（√）

Kōngdòng（×）	出错率	64.4%
	频次	235

释 山名，在甘肃。又岛名，在山东。

辨 "峒"有两个读音：tóng 和 dòng。二者易混淆。

读 tóng 时，用于山名"崆峒"，在甘肃。"崆峒"又岛名，在山东。

读 dòng 时，表示山洞，多用于地名，如"峒中"，在广西。

例 ① 在平凉，崆峒（Kōngtóng）山景区为吸引游客、增加节日气氛，在崆峒古镇开展了多项文化娱乐主题活动，为游客上山前准备了各种文化盛宴。（2014年10月4日甘肃广播电视台《甘肃新闻》）

② 平凉市崆峒（Kōngtóng）区安国镇镇人大代表王学智除了带领村民致富以外，还通过人大代表的身份，帮助村民们实现了村里通公交车的愿望。这让他感到前所未有的成就感。（2015年12月16日中央人民广播电台《新闻和报纸摘要》）

阆中　Làngzhōng（√）

Lángzhōng（×）	出错率	72.3%
	频次	283

释　地名，在四川。

辨　"阆"有两个读音：làng 和 láng。二者易混淆。

读 làng 时，用于地名，如"阆中"，在四川。

读 láng 时，用于"闶阆"，指建筑物中空廊的部分。

例　① 四川**阆中**（Làngzhōng）国土局这两天格外出名。这地方大家并不熟悉，怎么一下就名声大噪了呢？用网友的话说，一条神回复就足矣。（2013 年 8 月 12 日中央人民广播电台《新闻纵横》）

② 它（兰渝铁路）结束了四川苍溪、**阆中**（Làngzhōng）和南部等不通火车的历史。（2015 年 12 月 27 日中央人民广播电台《新闻和报纸摘要》）

乐亭　Làotíng（√）

Lèting（×）	出错率	84.6%
Yuèting（×）	频次	518

释　地名，在河北。

辨　参见本书"静乐"词条。

例　① 承接首都产业转移，占地上百亩的北京生物医药园项目日前在河北**乐亭**（Làotíng）开工建设。（2016年2月16日中央人民广播电台《新闻和报纸摘要》）

② 开展邯郸大名，邢台清河、柏乡，承德滦平，唐山旅游岛，**乐亭**（Làotíng），迁安，廊坊三河，沧州任丘、肃宁等项目前期工作。（2017年9月26日中央人民广播电台《央广夜新闻》）

耒阳　Lěiyáng（√）

Mòyáng（×）	出错率	69.2%
	频次	494

释　地名，在湖南。

辨　"耒"正确读音为 lěi，易受形近字"末"影响错读成 mò。"耒"主要义项有：①古代的一种农具，形状像木叉。②古代农具耒耜上的木柄。

例　① 今天上午记者也专门登录了耒阳（Lěiyáng）党政门户网，因为这个网站从某种程度上来讲是当地干部的一个比较权威的信息窗口。（2013年4月9日中央人民广播电台《央广夜新闻》）

② 2012年通过政府与社会共建、服务外包的方式，国内第一艘专门为学生打造的专用客渡船在湖南耒阳（Lěiyáng）下水，随后不少地方都在规范"校船"上做出了探索。（2017年8月26日中央人民广播电台《新闻晚高峰》）

蠡县 Lǐxiàn（√）

Líxiàn（×）	出错率	84.4%
	频次	194

释 地名，在河北。

辨 "蠡"有两个读音：lí和lǐ。二者易混淆。

读lí时，表示瓢、贝壳。

读lǐ时，主要义项有：①用于人名，如"范蠡"，春秋时人。②用于地名，如"蠡县"，在河北。

例 ① 15年后，他的儿子扎克尔·买买提艾力辗转万里，到保定蠡县（Lǐxiàn）、沧州肃宁一带来为父还账。（2015年5月4日中央人民广播电台《新闻晚高峰》）

② 蠡县（Lǐxiàn）爱心社团志愿者为寒夜中的救援人员送来热饭。（2016年11月9日中央人民广播电台《新闻纵横》）

丽水　Líshuǐ（√）

Lìshuǐ（×）	出错率	76.9%
	频次	1496

释 地名，在浙江。

辨 "丽"有两个读音：lí 和 lì。二者易混淆。

读 lí 时，用于地名，如"丽水"，在浙江。

读 lì 时，主要义项有：①好看、美丽。②姓。③附着，如"附丽"。

例 ① 五一前夕，由上海南站开往丽水（Líshuǐ）的"文明旅游专列"上，不少人是第一次体验铁路旅游专列，发现惊喜不断。（2016年5月2日中央人民广播电台《新闻和报纸摘要》）

② 在丽水（Líshuǐ）市莲都区，审批部门党组织发起"百人体验团"挑刺活动，100多名市民对各部门"最多跑一次"改革情况现场挑刺，集中整改。（2017年7月16日中央电视台《新闻联播》）

沥滘　Lìjiào（√）

Lìjiū（×）	出错率	79.8%
	频次	57

释　地名，在广东。

辨　"滘"正确读音为 jiào，易错读成 jiū。"滘"指分支的河道，多用于地名，如"道滘"，在广东。

例　① 在广州珠江之畔的**沥滘**（Lìjiào）村，是一个有着 800 多年历史的古村。（2012 年 2 月 19 日中央人民广播电台《央广夜新闻》）

② 根据目前公示的规划，**沥滘**（Lìjiào）村改造后将形成 40 栋左右的高层回迁房。（2012 年 2 月 23 日中央人民广播电台《新闻纵横》）

临朐　Línqú（√）

Línjú（×）	出错率	83%
	频次	609

释　地名，在山东。

辨　"朐"正确读音为 qú，易受声旁影响错读成 jú。

例　①山东潍坊**临朐**（Línqú）县五井镇地处青石山区，山高沟多。（2014年2月6日中央人民广播电台《全国新闻联播》）

②参加米兰世博会，这是她第一次出国。她很高兴能够有这样一个机会，带着中国的农民画，带着**临朐**（Línqú）的农民画，走向世界，给世界一个展示。（2015年9月16日山东人民广播电台《山东新闻》）

临沂　Línyí（√）

Línxī（×）	出错率	35.2%
Línyī（×）	频次	18 843

释　地名，在山东。

辨　"沂"正确读音为 yí，易错读成 xī 或 yī。

例　① 沂蒙革命纪念馆近日在山东**临沂**（Línyí）开馆，来自全国上千名干部群众前来参观展览。（2014年4月27日中央电视台《新闻联播》）

② 他即将奔赴山东**临沂**（Línyí）打工。因为工期紧，这个假期他又不能回家了。（2014年10月2日中央人民广播电台《全国新闻联播》）

甪直 Lùzhí（√）

Yōngzhí（×）　　出错率　　86.8%
　　　　　　　　频次　　　　61

释　地名，在江苏。

辨　"甪"正确读音为lù，易错读成yōng。

例　① 甪直古镇位于太湖东边30公里，这里的水流走向，形状酷如一个"甪"字，所以被叫作**甪直**（Lùzhí）。（2011年4月6日中央电视台《每日农经》）

② 古老的**甪直**（Lùzhí）小镇闭塞而安静，但这里的吴县第五高等小学在1917年因为叶圣陶的到来而变成了中国语文教育最为先锋的实验田。（2012年2月23日凤凰卫视《凤凰大视野》）

勐海　Měnghǎi（√）

Bóhǎi（×）	出错率	74.4%
	频次	183

释　地名，在云南。

辨　"勐"正确读音为 měng，易错读成 bó。

例　① 几天前记者来到云南省**勐海**（Měnghǎi）县第三中学，同学们正在排队等候吃午饭。(2014年1月23日中央电视台《焦点访谈》)

② 上午10点，在云南省**勐海**（Měnghǎi）县布朗山乡阿克小学的教室里，传来琅琅读书声。穿着传统哈尼族服饰的小学四年级学生们，正仰着头大声朗读。（2015年9月10日中央人民广播电台《全国新闻联播》）

汨罗　Mìluó（√）

Míluó（×）	出错率	62.3%
	频次	440

释　地名，在湖南。

辨　"汨"正确读音为 mì，易错读成 mí。

例　① 在屈原抱石投江的**汨罗**（Mìluó）江畔，这里的粽子则讲究包出四个尖角。（2016 年 6 月 9 日中央电视台《新闻联播》）

② 由中央文明办主办的"我们的节日·端午"全国文明村镇文艺展演昨天在湖南省**汨罗**（Mìluó）市举行。（2017 年 5 月 14 日中央人民广播电台《新闻和报纸摘要》）

渑池　Miǎnchí（√）

Yíngchí（×）	出错率	78.9%
Miánchí（×）	频次	251

释　地名，在河南。

辨　"渑"正确读音为 miǎn，易受形近字"蝇"影响错读成 yíng。

例　① 今天上午，在河南省三门峡市**渑池**（Miǎnchí）县，连霍高速义昌大桥发生坍塌，同时伴有运送烟花爆竹的车辆爆炸。（2013年2月1日中央电视台《新闻联播》）

② **渑池**（Miǎnchí）县地处河南西部山区，耕地少，资源贫乏，当地以产业带动、扶贫资金入股，让村民变"股民"，走出了脱贫致富的新模式。（2017年8月6日中央电视台《新闻联播》）

穆棱 Mùlíng（√）

Mùléng（×）	出错率	93.2%
	频次	367

释 地名，在黑龙江。

辨 "棱"有三个读音：lēng、léng 和 líng。三者易混淆。

读 lēng 时，用于"刺棱、红不棱登、花不棱登、扑棱"。

读 léng 时，主要义项有：①物体上不同方向的两个平面连接的部分，如"见棱见角"。②物体上条状的突起部分，如"瓦棱"。

读 líng 时，用于地名，如"穆棱"，在黑龙江。

例 ① 10 多年来，他一直躲在**穆棱**（Mùlíng）县八面通这个小屯子里，隐姓埋名地生活。（2015年2月6日黑龙江电视台《龙视新闻》）

② 据了解，震源深度超过 300 公里的地震，叫作深源地震。一般不会造成灾害，在我国的地理分布非常局限，仅分布在吉林省的延吉、安图和黑龙江省的牡丹江**穆棱**（Mùlíng）、东宁、

林口一带，大致呈北偏西方向展布。震源深度一般为 400—600 公里，震级 5—7.5 级。（2016年 1 月 3 日中央人民广播电台《新闻纵横》）

讷河　Nèhé（√）

Nàhé（×）	出错率	68.3%
	频次	260

释　地名，在黑龙江。

辨　"讷"正确读音为 nè，易受形近字"纳"影响错读成 nà。

例　① 昨晚，有 20 多辆车在由**讷河**（Nèhé）赶往嫩江的途中被大雪拦阻在 111 国道距离嫩江 50 公里的公路上。当地紧急开展救援，今天被困乘客再次开车踏上回家之路。（2015 年 2 月 23 日中央人民广播电台《全国新闻联播》）

　　② 黑龙江**讷河**（Nèhé）人杨先生，在北京从事医疗器械销售工作。（2017 年 11 月 13 日《新闻晚高峰》）

番禺　Pānyú（√）

Fānyú（×）	出错率	73.3%
	频次	2558

释 地名，在广东。

辨 "番"有两个读音：pān 和 fān。二者易混淆。

读 pān 时，主要义项有：①用于"番禺"，地名，在广东。②姓。

读 fān 时，主要义项有：①外国或外族，如"番邦、番茄"。②种，样，如"别有一番天地"。③用于心思、言语、过程等（数词限于"一、几"），如"一番好意"。④回，次，遍，如"思考一番"。

例 ① 佛山顺德和广州**番禺**（Pānyú）昨天遭到龙卷风吹袭，从现场网友录制的视频来看，巨型的龙卷风好像电影大片一样。（2015年10月5日中央人民广播电台《新闻纵横》）

② 广州**番禺**（Pānyú）上漖村80岁的卢浩英老人，正在接待一批前来参观的客人。（2016年6月9日中央人民广播电台《全国新闻联播》）

邳州　Pīzhōu（√）

Pēizhōu（×）	出错率	73.9%
	频次	638

释　地名，在江苏。

辨　"邳"正确读音为 pī，易受形近字"胚"影响错读成 pēi。

例　① 这件事经由媒体曝光后，在邳州（Pīzhōu）引起很大的社会反响，当地开始反思，究竟是什么导致了政府效能低下。（2015年4月13日中央人民广播电台《央广夜新闻》）

② 在江苏邳州（Pīzhōu），人大代表的直通车，隔三岔五地就会开进村里，村民们都喜欢把自己的烦心事和人大代表们唠叨唠叨。（2016年3月2日中央电视台《新闻联播》）

郫县 Píxiàn（√）

Bíxiàn（×）	出错率	64%
	频次	386

释 地名，在四川。2017年年初，改设为郫都区。

辨 "郫"正确读音为 pí，易错读成 bí。

例 ① 去年7月，她（指默克尔）访华去了成都，跟成都厨师学做了宫保鸡丁，在菜市场花5块钱买了瓶**郫县**（Píxiàn）豆瓣酱，还拿回家学着做。（2015年10月29日中央人民广播电台《全球华语广播网》）

② 宣讲报告会一结束，他马上来到了基层老百姓的中间，在**郫县**（Píxiàn）安德镇安龙村与村民们促膝谈心，为老百姓答疑解惑。（2016年11月27日中央电视台《焦点访谈》）

濮阳　Púyáng（√）

Pǔyáng（×）	出错率	58.9%
	频次	1946

释　①地名，在河南。②姓。

辨　"濮"正确读音为 pú，易错读成 pǔ。

例　① 据记者了解，以河南为例，2016年河南省首先确定郑州、洛阳、焦作、濮阳（Púyáng）4个城市作为试点推行分级诊疗制度。自推行以来，濮阳市越来越多的老百姓开始信任基层医院，"小病在社区，大病去医院"的医疗格局正在逐步形成。（2016年6月3日中央人民广播电台《央广夜新闻》）

② 河南濮阳（Púyáng）把全国扶贫开发大数据平台与移动运营商对接，扶贫干部用手机实时更新上报贫困户信息。（2016年10月30日中央电视台《新闻联播》）

綦江 Qíjiāng（√）

Qījiāng（×）	出错率	86.8%
Jījiāng（×）	频次	467

[释] 地名，在重庆。

[辨] "綦"正确读音为 qí，易错读成 qī 或 jī。主要义项有：①表示极，很。②姓。

[例] ① 重庆市綦江（Qíjiāng）区的各级干部也定期下乡，在老百姓家门口"赶场"，面对面地听民情，解民忧。（2013年7月1日中央电视台《新闻联播》）

② 受本地和上游降雨影响，重庆市綦江（Qíjiāng）、梅江、御临河等16条中小河流出现涨幅1—4米的涨水过程，但最高水位都低于警戒水位。（2016年7月15日中央人民广播电台《央广夜新闻》）

蕲春　Qíchūn（√）

Jīnchūn（×）	出错率	88.6%
	频次	356

释 地名，在湖北。

辨 "蕲"正确读音为 qí，易错读成 jīn。

例 ① 请我们的徐书记走上台来，描绘一下我们**蕲春**（Qíchūn）的明天。（2013年1月16日中央电视台《乡约》）

② 10年前，王宝霞抓住这个政策机遇，辞去华中科技大学体育老师的工作，来到**蕲春**（Qíchūn）承包了200多亩荒山，种上常用的经济林松树、枫香树、湿地松。（2015年6月19日湖北电视台《湖北新闻》）

犍为　Qiánwéi（√）

Jiànwéi（×）	出错率	85.3%
	频次	80

释　地名，在四川。

辨　"犍"易受声旁影响错读成 jiàn。

"犍"有两个读音：qián 和 jiān。

读 qián 时，用于地名，如"犍为"，在四川。

读 jiān 时，指犍牛，即阉割过的公牛。

例　① 据中国地震台网测定，北京时间昨晚 11 点 44 分，在四川省乐山市**犍为**（Qiánwéi）县附近发生 4.2 级地震，震源深度约 12 千米。（2016 年 1 月 4 日中央人民广播电台《新闻和报纸摘要》）

② 在四川乐山**犍为**（Qiánwéi）县，油菜花和蒸汽小火车的组合，吸引了不少游客前来。（2016 年 3 月 28 日中央电视台《新闻联播》）

邛崃　Qiónglái（√）

Gōnglái（×）	出错率	85.7%
	频次	406

释　山名，在四川。

辨　"邛"正确读音为qióng，易错读成gōng。

例　① 从昨天到今天我们主要飞了芦山县、宝兴、**邛崃**（Qiónglái）等约5000公里区域的面积，这两天大概获取了300 GB的数据。（2013年4月21日中央人民广播电台《央广夜新闻》）

② 2011年8月20日，雌性大熊猫张想在卧龙核桃坪的野化圈出生。它的母亲张卡和父亲白杨均是来自**邛崃**（Qiónglái）山系的野生大熊猫。（2013年11月14日中央电视台《焦点访谈》）

曲阜　Qūfù（√）

Qǔfù（×）	出错率	71.2%
Qūfǔ（×）	频次	3533

释　地名，在山东。

辨　参见本书"河曲"词条。

例　① 没有了交通不便的掣肘，**曲阜**（Qūfù）的旅游前景一片大好。（2013年2月28日中央人民广播电台《央广夜新闻》）

②　鼓浪屿、黄山、**曲阜**（Qūfù）、庐山、五台山等景区，从上午4点多开始，汇集了大批客流。（2015年5月1日中央电视台《新闻联播》）

歙县　Shèxiàn（√）

Xīxiàn（×）	出错率	86%
	频次	561

释　地名，在安徽。

辨　"歙"有两个读音：shè 和 xī。二者易混淆。

读 shè 时，用于地名，如"歙县"。

读 xī 时，指吸气。

例　① 上午十点半，记者在黄山**歙县**（Shèxiàn）航步渡口、深渡码头看到，水位都超过警戒水位，渡船、客船、游船已全部停运。（2015年6月9日中央人民广播电台《全国新闻联播》）

② 安徽**歙县**（Shèxiàn）是一处徽派建筑云集、生态环境非常优美的南方小县，也因此很多来自全国各地的学习美术的学生都会在这里进行写生。（2016年3月27日中央人民广播电台《央广夜新闻》）

莘县 Shēnxiàn (√)

| Xīnxiàn (×) | 出错率 | 67.6% |
| Zǐxiàn (×) | 频次 | 641 |

释 地名，在山东。

辨 "莘"有两个读音：shēn 和 xīn。二者易混淆。

读 shēn 时，用于地名，如"莘县"，在山东。

读 xīn 时，用于地名，如"莘庄"，在上海。

例 ① 纪念中共中央冀鲁豫（平原）分局成立 70 周年座谈会今天在聊城**莘县**(Shēnxiàn)举行，30 多位冀鲁豫边区革命前辈的亲属共同缅怀冀鲁豫边区革命前辈的丰功伟绩。（2013 年 11 月 13 日山东电视台《山东新闻联播》）

② 在长期的战争生活中，马本斋积劳成疾，突发急性肺炎，1944 年 2 月 7 日在山东省**莘县**(Shēnxiàn)不幸病逝，终年 43 岁。（2015 年 9 月 3 日中央人民广播电台《新闻晚高峰》）

嵊州　Shèngzhōu（√）

Chéngzhōu（×）	出错率	74.4%
	频次	380

释 地名，在浙江。

辨 "嵊"正确读音为 shèng，易受声旁影响错读成 chéng。

例 ① 据了解，从 2008 年开始，浙江嵊州（Shèngzhōu）市就开始建设地籍管理系统，现已建成投入使用。（2014 年 7 月 1 日中央人民广播电台《央广夜新闻》）

② 起源于嵊州（Shèngzhōu）的越剧，是中国第二大剧种，在国外被誉为"中国歌剧"。（2015 年 12 月 1 日中央人民广播电台《新闻纵横》）

濉溪 Suīxī（√）

Qūxī（×）	出错率	85%
Huáixī（×）	频次	204

释 地名，在安徽。

辨 "濉"正确读音为suī，易错读成qū或huái。

例 ① 他每天将石料从平山口拉到涡阳县，濉溪（Suīxī）段收费站是必经之地。（2013年12月8日中央人民广播电台《新闻晚高峰》）

② 据调查，飞机从周口飞到淮北后，就停放在濉溪（Suīxī）县开发区一家公司院内。（2015年6月9日中央电视台《焦点访谈》）

台州　Tāizhōu（√）

Táizhōu（×）	出错率	66%
	频次	2885

释　地名，在浙江。

辨　"台"有两个读音：tāi 和 tái。二者易混淆。

读 tāi 时，用于地名，如"台州"，在浙江。

读 tái 时，主要义项有：①平而高的建筑物，便于在上面远望，如"瞭望台"。②公共场所室内外高出地面便于讲话或表演的设备，如"讲台"。③某些做座子用的器物，如"锅台"。④某些机构的名称，如"天文台"。⑤用于整场演出的戏剧、歌舞等，如"一台戏"。⑥指中国台湾地区，如"台胞"。

例　① 受到新一轮寒潮南下的影响，台州（Tāizhōu）沿海风力达到9级，给海上的搜救工作带来一定的难度。（2016年10月30日中央人民广播电台《央广夜新闻》）

② 杭绍台铁路连通了杭州、绍兴、台州（Tāizhōu）三地，全长269公里，项目总投资

约 409 亿元，由政府与民营企业共同投资运营管理，其中民营联合体占股 51%。（2017 年 9 月 13 日中央电视台《新闻联播》）

郯城　Tánchéng（√）

Yánchéng（×）	出错率	78.7%
	频次	893

释　地名，在山东。

辨　"郯"正确读音为 tán，易受声旁影响错读成 yán。

例　① 在山东境内，京沪高速兰陵站至**郯城**（Tánchéng）站之间，657 公里上海方向，发生一起货车侧翻事故。现场只有一条车道可以通行，事故路段目前车辆是通行缓慢。（2015 年 10 月 7 日中央人民广播电台《央广夜新闻》）

② 14 日 2 时至 17 日 8 时，全省累计平均降水量 57.4 毫米，最大点降水量**郯城**（Tánchéng）县刘家道口水文站 266 毫米。（2017 年 7 月 17 日山东广播电视台《山东新闻联播》）

潭柘寺　Tánzhèsì（√）

Tántuòsì（×）	出错率	76.9%
	频次	257

释　地名，在北京。

辨　"柘"正确读音为 zhè，易受形近字"拓"影响错读成 tuò。

例　① 位于北京市门头沟区的千年古刹**潭柘寺**（Tánzhèsì），如今是国家 4A 级景区。（2014年12月19日中央人民广播电台《新闻纵横》）

② 今天，北京出现雷雨天气，北京市气象台发布雷电黄色预警。目前，北京已临时关闭密云黑龙潭和门头沟**潭柘寺**（Tánzhèsì）、戒台寺等 179 处景区。（2017年8月13日中央电视台《新闻联播》）

潍坊　Wéifāng（√）

Wéifǎng（×）	出错率	36.3%
	频次	15 904

释　地名，在山东。

辨　"坊"有两个读音：fāng 和 fáng。二者易混淆。

读 fāng 时，主要义项有：①表示里巷（多用于街巷名），如"白纸坊"，在北京。②店铺，如"书坊"。③牌坊，如"贞节坊"。

读 fáng 时，指小手工业者的工作场所，如"粉坊"。

例　① 山东境内的青银高速**潍坊**（Wéifāng）东站附近银川方向以及济南绕城高速西线济南西站出口，这两个路段都是车流量比较大的路段，有车辆排队的情况。（2016 年 5 月 2 日中央人民广播电台《全国新闻联播》）

② 近几天，山东**潍坊**（Wéifāng）同时开工了 11 所在建、改扩建的中小学校，打出了扩充教育资源的组合拳。（2017 年 2 月 16 日中央电视台《新闻联播》）

吴堡　Wúbǔ（√）

Wúbǎo（×）	出错率	80.5%
	频次	77

释　地名，在陕西。

辨　"堡"有三个读音：bǎo、bǔ 和 pù。三者易混淆。

读 bǎo 时，主要义项有：①堡垒，如"碉堡"。②姓。

读 bǔ 时，堡子（多用于地名），指围有土墙的城镇或乡村，也泛指村庄，如"吴堡"。

读 pù 时，多用于地名，如"五里铺、十里铺"等的"铺"字有的地区写作"堡"。

例　① 碛口被称为"天下黄河第一镇"，位于山西吕梁地区临县，背靠卧虎山，隔黄河与陕西**吴堡**（Wúbǔ）县相望。（2016 年 2 月 18 日中央人民广播电台《新闻纵横》）

② 通过枣树虫害防治和科学管理技术，他带动了佳县及周边陕西省神木县、**吴堡**（Wúbǔ）县，山西省临县等黄河一线红枣产区 5800 多户近 2 万名贫困群众脱贫。（2017 年 3 月 17 日中央人民广播电台《新闻和报纸摘要》）

吴圩　Wúxū（√）

Wúyū（×）	出错率	82.5%
Wúyú（×）	频次	108

释　地名，在广西。

辨　"圩"易受声旁影响错读成 yū 或 yú。"圩"有两个读音：xū 和 wéi。

读 wéi 时，圩子，表示低洼地区周围防水的堤，如"筑圩、圩堤"。

读 xū 时，表示集市，如"圩市、赶圩"。

例　① 2009 年，忻州至崇左高速公路和吴圩（Wúxū）至上思，板栗至东门两条二级公路的连接线被立项批准建设，同时也被列为广西壮族自治区 2009 年的重点建设项目。（2015 年 3 月 19 日中央电视台《焦点访谈》）

② 民航方面，今晨，南宁吴圩（Wúxū）国际机场依旧取消部分进港航班。（2017 年 8 月 24 日中央人民广播电台《新闻纵横》）

武陟 Wǔzhì（√）

Wǔshè（×）	出错率	79.4%
	频次	87

释 地名，在河南。

辨 "陟"正确读音为 zhì，易受形近字"涉"影响错读成 shè。"陟"表示登高。

例 ① 眼下虽然是冬季农闲时节，然而焦作**武陟**（Wǔzhì）县卓成农机专业合作社理事长却忙得不可开交，刚收完地里的大白菜，又组织社员给绿油油的小麦施肥、灌溉。（2013年1月21日中央人民广播电台《新闻和报纸摘要》）

② 在河南省焦作市**武陟**（Wǔzhì）县大虹桥乡大官庄村，村里老人每月只需缴100元钱就可以入住村慈善幸福院，享受就餐、休闲娱乐、简单医疗康复等养老服务。（2014年10月2日中央人民广播电台《全国新闻联播》）

婺源　Wùyuán（√）

Zīyuán　（×）	出错率	56.7%
Màoyuán（×）	频次	517

释　地名，在江西。

辨　"婺"正确读音为wù，易错读成zī或mào。

例　① 今天是母亲节，上饶**婺源**（Wùyuán）县江湾小学，留守孩子和学校专门安排十几名年轻老师担任"爱心妈妈"，一起过了一个不一样的节日。（2016年5月8日中央人民广播电台《新闻晚高峰》）

② 有"中国最美乡村"美誉的江西**婺源**（Wùyuán）迎来大批游客。这其中周边短线游成主流。（2017年5月30日中央人民广播电台《新闻和报纸摘要》）

解州　Xièzhōu（√）

Hàizhōu（×）	出错率	44.9%
	频次	95

[释] 地名，在山西。

[辨] "解"有三个读音：jiě、jiè和xiè。三者易混淆。

读jiě时，主要义项有：①分开，如"解剖"。②把束缚着或系着的东西打开，如"解衣服"。③解除，如"解渴"。④解释，如"解说"。⑤了解，明白，如"善解人意"。⑥解手，如"小解"。⑦代数方程式中未知数的值。⑧演算方程式，求方程式中未知数的值，如"解题"。

读jiè时，表示解送，如"押解"。

读xiè时，主要义项有：①懂得、明白，如"解不开这个道理"。②旧时指杂技表演的各种技艺，特指骑在马上表演的技艺，如"跑马卖解"。③湖名，如"解池"。④姓。

[例] ① 这里是运城**解**州（Xièzhōu）关帝庙，山西运城第24届关公文化旅游节"金秋大祭"

盛典在这里举行。来自中国港澳台地区和东南亚地区的华人代表共计500余人,来这里参加朝拜。(2013年9月23日山西广播电视台《山西新闻联播》)

② 那次我们立了功。从**解州**(Xièzhōu)、盐池附近打一个洞,从城北面也打了一个洞。打两个洞进去攻破了运城,这是关键的关键。(2015年7月14日中央人民广播电台《三农中国》)

忻州　Xīnzhōu（√）

Yízhōu（×）	出错率	57.4%
	频次	3589

释　地名，在山西。

辨　"忻"正确读音为 xīn，易错读成 yí。"忻"主要义项有：①同"欣"的喜悦义。②姓。

例　① 据了解，这条S205线是大同市与朔州市、忻州（Xīnzhōu）市联系和交流的主要通道，也是晋煤外运的重要出省通道。（2015年9月14日中央电视台《焦点访谈》）

② 在山西忻州（Xīnzhōu）的赵家洼村、在湖北宝武钢铁集团，当村民们、工人们、干部们在屏幕中看到熟悉的家乡、自己的企业时，对于国家发展更增添了信心。（2017年10月9日中央电视台《新闻联播》）

莘庄　Xīnzhuāng（√）

Shēnzhuāng（×）　　出错率　　66.9%
　　　　　　　　　　频次　　　237

释　地名，在上海。

辨　"莘"有两个读音：shēn 和 xīn。二者易混淆。

读 shēn 时，主要义项有：①用于地名，如"莘县"，在山东。②用于"莘莘"，形容众多，如"莘莘学子"。③姓。

读 xīn 时，用于地名，如"莘庄"，在上海。

例　① 晚上 7 点 50 分，回到上海的刘翔并没有急着回家，而是直奔莘庄（Xīnzhuāng）田径训练基地。（2013 年 8 月 30 日上海广播电视台《东方午新闻》）

② 闵行区莘庄（Xīnzhuāng）镇每年租金收入 1.1 亿元，基本保证了全镇征地农民有持续收入来源。（2016 年 11 月 23 日中央人民广播电台《三农中国》）

荥阳　Xíngyáng（√）

Yíngyáng（×）	出错率	88.7%
	频次	249

[释] 地名，在河南。

[辨] "荥"有两个读音：xíng 和 yíng。二者易混淆。

读 xíng 时，用于地名，如"荥阳"，在河南。

读 yíng 时，用于地名，如"荥经"，在四川。

[例] ① 2012 年的报道：*河南省荥阳（Xíngyáng）市王村镇正在生产摩天环车，建成后将达 10 米高。*（2015 年 4 月 8 日中央电视台《新闻 1+1》）

② *根据 5 月 3 日发布的《通知》要求，郑州房地产市场的限购区域扩大到新郑市、荥阳（Xíngyáng）市、中牟县，同时对房屋的出售环节进行了限制。*（2017 年 5 月 3 日中央人民广播电台《全国新闻联播》）

岫岩　Xiùyán（√）

Yòuyán（×）	出错率	74.8%
	频次	236

释　地名，在辽宁。

辨　"岫"正确读音为 xiù，易受声旁影响错读成 yòu。"岫"主要义项有：①山洞，如"白云出岫"。②山，如"远岫"。③虫鸟禽兽的巢穴，如"蜂岫"。

例　① 根据辽宁省鞍山市洪灾情况调查组介绍，12月12日，也就是《中国之声》的第一篇报道播发当天，调查组就已进驻**岫岩**（Xiùyán）开展工作。（2016年12月15日中央人民广播电台《新闻和报纸摘要》）

② 第79集团军3架直升机、800余名官兵正在向**岫岩**（Xiùyán）地区受灾区域集结并开展救援。（2017年8月4日中央人民广播电台《全国新闻联播》）

盱眙　Xūyí（√）

Xūyú（×）	出错率	81.9%
	频次	589

释　地名，在江苏。

辨　"盱"的正确读音为 xū，表示睁开眼睛向上看。

　　"眙"的正确读音为 yí，易错读成 yú。"眙"用于地名"盱眙"，在江苏。

例　① 记者再向下滑动页面，又看到了一个政府在线服务栏目，点击，一个叫作**盱眙**（Xūyí）政务大厅的页面弹了出来。（2015年5月15日中央电视台《焦点访谈》）

　　② 淮安大米飘香久远，**盱眙**（Xūyí）龙虾名扬中外，洪泽湖大闸蟹身价不菲。116个国家地理标志农副产品，数量居全国地级市首位。（2017年8月21日中央人民广播电台《中国乡村之声》）

浚县　Xùnxiàn（√）

Jùnxiàn（×）	出错率	85.7%
	频次	134

释　地名，在河南。

辨　"浚"有两个读音：xùn 和 jùn。二者易混淆。

读 xùn 时，用于地名，如"浚县"，在河南。

读 jùn 时，表示挖深，疏通水道，如"疏浚"。

例　① 临近元宵节，看花灯、社火表演成为百姓新一波的节庆活动，《中国之声》记者现在在第六届中国鹤壁民俗文化节的现场，介绍有"千年古庙会"之称的浚县（Xùnxiàn）庙会。（2014年2月12日中央人民广播电台《央广夜新闻》）

② 在河南浚县（Xùnxiàn）王庄镇万亩高标准优质小麦生产基地，借助物联网和"互联网+"技术，当地建立起了智能大田种植、设施农业平台，实现了种养加结合的标准化生产模式。（2016年7月3日中央电视台《新闻联播》）

焉耆　Yānqí（√）

Yānqì（×）	出错率	87.8%
	频次	286

释　地名，在新疆。

辨　"耆"正确读音为 qí，易错读成 qì。"耆"指60岁以上的年纪，如"耆老"。

例　① 在新疆新型工业化发展提速的同时，巴州**焉耆**（Yānqí）镇的农民也感受到了农牧业现代化带来的实惠。（2014年5月28日中央电视台《新闻联播》）

② 新疆是驰名中外的葡萄酒故乡，有天山北坡、**焉耆**（Yānqí）盆地、吐鲁番、哈密、伊犁五大产区，现有葡萄酒制造企业95家，形成从种植、生产到销售的完整产业链，培育了一批在疆内外具有一定知名度的葡萄酒品牌。（2015年8月17日乌鲁木齐市人民广播电台《乌鲁木齐新闻》）

铅山　Yánshān（√）

Qiānshān（×）	出错率	83.9%
	频次	94

释　地名，在江西。

辨　"铅"有两个读音：qiān和yán。二者易混淆。

读qiān时，主要义项有：①金属元素，符号Pb。②铅笔芯。

读yán时，用于地名，如"铅山"，在江西。

例　① 赣州、吉安、抚州、上饶等地都下起了暴雨，其中上饶**铅山**（Yánshān）县雨势最为猛烈，24小时累计降雨量超过200毫米。（2016年9月29日中央人民广播电台《新闻纵横》）

② 在江西上饶**铅山**（Yánshān）县太源畲族乡，伴随着明快的山歌，竹竿开开合合，有节奏地敲击着地面，畲族妇女们轻巧跳起了竹竿舞。（2017年7月19日中央人民广播电台《新闻和报纸摘要》）

兖州　Yǎnzhōu（√）

| Chōngzhōu（×） | 出错率 | 78.5% |
| Gǔnzhōu（×） | 频次 | 1060 |

释　地名，在山东。

辨　"兖"正确读音为 yǎn。"兖"主要义项有：①用于地名，如"兖州"，在山东。②姓。

例　① 山西中南铁路通道建成后，将晋东南煤田、河南鹤壁矿区、山东兖州（Yǎnzhōu）矿区等中国重要的煤焦生产基地连成一线，在胶南入海运往华东和华南，比渤海湾下海可缩短陆海运距 1500 公里左右。（2014 年 1 月 22 日中央人民广播电台《央广夜新闻》）

② 济宁市兖州（Yǎnzhōu）区种粮大户刘保住今年种植了近 300 亩小麦。为防止麦苗受到冻害，当地农技专家也指导他提前采取了镇压措施。（2016 年 11 月 21 日中央人民广播电台《全国新闻联播》）

漾濞　Yàngbì（√）

Yàngbí（×）	出错率	88.9%
	频次	64

释　地名，在云南。

辨　"濞"正确读音为 bì，易受声旁影响错读成 bí。

例　① 云南大理州洱源和**漾濞**（Yàngbì）交界处昨天发生 5 级地震，震源深度 11 公里。（2013 年 4 月 18 日中央人民广播电台《新闻纵横》）

② 云南省道兰漾线大理往云龙方向路段的**漾濞**（Yàngbì）县富恒乡境内，昨晚 10 点发生山体滑坡，造成大面积塌方。目前道路已全面中断，预计今晚才能恢复通行。（2014 年 10 月 1 日中央人民广播电台《全国新闻联播》）

黟县 Yīxiàn（√）

Qiánxiàn（×）	出错率	80.7%
	频次	211

释 地名，在安徽。

辨 "黟"正确读音为 yī，易受形近字"黔"影响错读成 qián。

例 ① 在古代，"总把新桃换旧符"是辞旧迎新的重要内容，到现在，"打食桃"在**黟县**（Yīxiàn）仍然被当作每年辞旧迎新氛围的开始或者标志。（2015 年 2 月 19 日中央人民广播电台《新闻纵横》）

② 趁着这个假期，全家回到了黄山**黟县**（Yīxiàn）老家。（2017 年 10 月 3 日中央人民广播电台《全国新闻联播》）

弋阳　Yìyáng（√）

Yíyáng（×）	出错率	58.7%
	频次	62

释 地名，在江西。

辨 "弋"的正确读音为yì，易错读成yí。"弋"主要义项有：①用带有绳子的箭射鸟，如"弋获"。②用来射鸟的带绳子的箭。③姓。

例 ① 在江西上饶，持续强降雨天气使得部分地区受灾严重。弋阳（Yìyáng）县港口镇港口村的河水水位瞬间猛涨，村里大部分房屋被淹。（2013年6月30日中央电视台《新闻联播》）

② 时间回到2003年5月3日，在江西省弋阳（Yìyáng）县，一对新人正在举办婚礼。（2015年2月4日中央电视台《致富经》）

鄞州　Yínzhōu（√）

| Jǐnzhōu（×） | 出错率 | 85.5% |
| Qínzhōu（×） | 频次 | 3856 |

释 地名，在浙江。

辨 "鄞"正确读音为yín，易错读成jǐn或qín。"鄞"主要义项有：①用于地名，如"鄞州"，在浙江。②姓。

例 ①就在这时，位于宁波市**鄞州**（Yínzhōu）区宁南北路和金家一路的交界处，一个新楼盘为了庆祝样板房开放举行了一场盛大的焰火晚会。（2013年12月11日中央人民广播电台《新闻晚高峰》）

②**鄞州**（Yínzhōu）质监所也提醒游客，淘实惠的旅游产品时，应该多留个心眼，不要轻易相信所谓的尾单，事先了解各方面细节后，比对市场价格，再决定是否购买。（2014年7月19日中央人民广播电台《天天315》）

邕江　Yōngjiāng（√）

Yìjiāng（×）	出错率	78.2%
	频次	58

释　水名，在广西。

辨　"邕"正确读音为yōng，易错读成yì。"邕"主要义项有：①用于水名，如"邕江"，在广西。②广西南宁的别称。

例　① 上午9点，随着一声令下，2300多名广西各地冬泳爱好者跳入了冰冷的水中，开始横渡邕江（Yōngjiāng），喜迎新年。（2016年1月1日中央人民广播电台《全国新闻联播》）

② 邕江（Yōngjiāng）水暖，绿城飞花，4月的南宁满目葱郁，生机盎然。（2017年4月23日中央人民广播电台《新闻和报纸摘要》）

蔚县　Yùxiàn（√）

Wèixiàn（×）	出错率	88.9%
	频次	415

释　地名，在河北。

辨　"蔚"有两个读音：wèi和yù。二者易混淆。

读wèi时，主要义项有：①茂盛，盛大，如"蔚为壮观"。②（云气）弥漫，如"云蒸霞蔚"。

读yù时，主要义项有：①用于地名，如"蔚县"，在河北。②姓。

例　① 112国道**蔚县**（Yùxiàn）段始建于20世纪70年代，是一条山区公路，只有双向两个车道。这辆明显超宽的货车几乎占据了整个路面。（2013年5月16日中央人民广播电台《新闻纵横》）

② 在河北**蔚县**（Yùxiàn）、陕西榆林，古老技艺"打树花"，给人们送来一场"火树银花不夜天"的视觉盛宴。（2016年2月8日中央电视台《新闻联播》）

乐清　Yuèqīng（√）

Lèqīng（×）	出错率	66%
	频次	1054

释　地名，在浙江。

辨　参见本书"静乐"词条。

例　①在浙江**乐清**（Yuèqīng），因为监管真空，农民资金互助发起人往往自行其是，风险时时存在。（2014年1月25日中央人民广播电台《央广夜新闻》）

②在**乐清**（Yuèqīng）市区清远路上的一处斑马线附近，交警正在抓拍"机动车斑马线前是否礼让行人"。（2016年7月14日中央人民广播电台《央广夜新闻》）

郧县 Yúnxiàn（√）

Xūnxiàn（×）	出错率	87.3%
Yǔnxiàn（×）	频次	102

[释] 地名，在湖北。

[辨] "郧"正确读音为 yún，易错读成 xūn 或 yǔn。"郧"主要义项有：①用于地名，如"郧县"，在湖北。②姓。

[例] ① 为了南水北调工程，2010 年他和 1747 名丹江口水库移民从湖北**郧县**（Yúnxiàn）柳陂镇远迁至汉江村。（2013 年 5 月 3 日中央人民广播电台《新闻和报纸摘要》）

② 前两天，湖北**郧县**（Yúnxiàn）到十堰的高速也通车了。今年春运鄂西山区结束了不通高速的历史。（2015 年 2 月 12 日中央人民广播电台《央广夜新闻》）

曾厝垵　Zēngcuò'ān（√）

Zēngfú'ān（×）	出错率	68.3%
	频次	34

释　地名，在福建。

辨　"厝"正确读音为 cuò，易错读成 fú。"厝"主要义项有：①放置，如"厝火积薪"。②把棺材停放待葬，或浅埋以待改葬，如"暂厝"。③房屋，如"厝主"（房东）。

例　① 在厦门，像**曾厝垵**（Zēngcuò'ān）社区这样的公共议事平台已经实施了 1 年多，共收集到基层群众 3.2 万多条有效意见和建议，其中 1300 多条被纳入"美丽厦门"的城市管理规划。（2014 年 10 月 11 日中央电视台《新闻联播》）

② 据了解，在以旅游闻名的福建厦门有 2200 多家民宿，现在岛内的民宿较多集中在鼓浪屿及环岛路上的**曾厝垵**（Zēngcuò'ān）、黄厝、钟宅等区域。（2015 年 11 月 26 日中央人民广播电台《央广夜新闻》）

柞水　Zhàshuǐ（√）

Zuòshuǐ（×）	出错率	85.5%
	频次	100

释　地名，在陕西。

辨　"柞"有两个读音：zhà 和 zuò。二者易混淆。

读 zhà 时，用于地名，如"柞水"，在陕西。

读 zuò 时，指柞树，落叶乔木，高达 30 米，叶子可用来饲养柞蚕，木材可用来造船和做枕木等。

例　① 记者在商洛市商州区人民法院了解到：目前判决书已经生效，应该由**柞水**（Zhàshuǐ）县国土资源局出面签订新的征地补偿协议。如果还解决不了，这 61 户群众可以继续走法律途径维护自己的权益。（2016 年 11 月 11 日中央人民广播电台《新闻晚高峰》）

② 扶贫先扶志，陕西还在各地不断探索：宝鸡麟游县在全县贫困村推行"扶志点评会"，商洛**柞水**（Zhàshuǐ）县以"精神文化脱贫巡讲会"为抓手，安康旬阳县则把"道德评议会"作为

突破口,使贫困户逐步有了脱贫的志气和信心。

(2017年9月14日中央电视台《新闻联播》)

长子　Zhǎngzǐ（√）

Chángzǐ（×）	出错率	55.3%
	频次	70

释　地名，在山西。

辨　"长"有两个读音：cháng 和 zhǎng。二者易混淆。

读 cháng 时，主要义项有：①两端之间的距离大（跟"短"相对）。②长度。③长处。④（对某事）做得特别好，如"他长于写作"。⑤多余，剩余，如"长物"。⑥姓。

读 zhǎng 时，主要义项有：①生。②生长，成长。③增进，增加。④形容年纪较大，如"年长"。⑤排行最大。⑥辈分高。⑦年龄大或辈分高的人。⑧领导人。⑨用于地名，如"长子"，在山西。

例　① 2013"秋之韵"首届方兴生态农业科普旅游节9月28日在长子（Zhǎngzǐ）县开幕。（2013年9月29日山西广播电视台《山西新闻联播》）

② 9月10号战斗正式打响，首战地点是长子（Zhǎngzǐ）县城。（2015年11月27日凤凰卫视《腾飞中国》）

肇庆　Zhàoqìng（√）

Zhāoqìng（×）	出错率	36.9%
	频次	140

释 地名，在广东。

辨 "肇"正确读音为 zhào，易受方言影响错读成 zhāo。"肇"主要义项有：①发生，引起，如"肇事"。②开始，如"肇始"。③姓。

例 ① 在广东，返程车流高峰也在迅速形成，节后从广西返回广东的车辆在肇庆（Zhàoqìng）绵延数公里。（2015年2月23日中央人民广播电台《央广夜新闻》）

② 摩托车返乡高铁专列每天10点30分从广州南站始发，经停三水南、肇庆（Zhàoqìng）东、梧州南、平南南、桂平、贵港，最后抵达南宁东。（2016年1月11日中央人民广播电台《全国新闻联播》）

芝罘　Zhīfú（√）

Zhīgāng（×）	出错率	85.2%
	频次	904

释　地名，在山东。

辨　"罘"正确读音为fú，易受形近字"罡"影响错读成gāng。

例　① 这边果农们期盼着修好"致富路"，芝罘（Zhīfú）区幸福街道的居民则通过一张社区民情管家即办单，享受着贴身管家的上门服务。（2014年5月15日山东人民广播电台《山东新闻》）

② 今年，烟台市将在芝罘（Zhīfú）区和莱山区推出第一批共有产权房源，推动保障性住房由只租不售向租售并举转轨。（2017年3月31日山东卫视《山东新闻联播》）

中牟　Zhōngmù（√）

Zhōngmóu（×）	出错率	79.2%
	频次	265

释 地名，在河南。

辨 "牟"有两个读音：mù 和 móu。二者易混淆。

读 mù 时，主要义项有：①用于地名。如"牟平"，在山东；"中牟"，在河南。②姓。

读 móu 时，主要义项有：①牟取，如"牟利"。②姓。

例 ① 俗话说，菜贱伤农。最近，大河报记者走访郑州市**中牟**（Zhōngmù）县菜农时发现，这里种植的大量芹菜、生菜、菠菜等蔬菜遭遇滞销。（2014年4月4日中央人民广播电台《天下财经》）

② 在河南省郑州市**中牟**（Zhōngmù）县官渡镇的河南省残友培训就业孵化基地里，大家围坐在一起，憧憬着2017年每个人都能事业有成。（2017年2月3日中央人民广播电台《新闻和报纸摘要》）

颛桥　Zhuānqiáo（√）

Ruìqiáo（×）	出错率	89.3%
	频次	68

释 地名，在上海。

辨 "颛"正确读音为zhuān，易受形近字"瑞"影响错读成ruì。"颛"主要义项有：①愚昧。②同"专"。

例 ① 这对老夫妇在上海闵行区的**颛桥**（Zhuānqiáo）安乐村潘家34号拥有528平方米的宅基地，并依法承包了相邻的4800平方米的鱼塘，还在这个鱼塘上修建了私人的盆景奇石博物馆。（2013年12月12日中央人民广播电台《央广夜新闻》）

② 来自上海闵行区**颛桥**（Zhuānqiáo）镇的赵红珍，平时是一名公共自行车管理员。换上比赛服，她又是一名英姿飒爽的运动员。（2017年9月5日中央人民广播电台《新闻和报纸摘要》）

涿州　Zhuōzhōu（√）

Zhuózhōu（×）	出错率	84.8%
	频次	1041

释　地名，在河北。

辨　"涿"正确读音为zhuō，易受形近字"琢"影响错读成zhuó。"涿"用于地名，如"涿州、涿鹿"，均在河北。

例　① 河北省高速交警总队宣传科工作人员介绍称，京港澳高速的涿州（Zhuōzhōu）段，从今天高峰值开始到现在，基本上都维持在300辆以上。（2016年9月15日中央人民广播电台《全国新闻联播》）

② 在中央电视台涿州（Zhuōzhōu）影视基地，历史题材电视剧《沧海丝路》正在紧张地拍摄。（2017年4月28日中央电视台《新闻联播》）

秭归　Zǐguī（√）

Zīguī（×）	出错率	67.6%
	频次	375

释　地名，在湖北。

辨　"秭"正确读音为 zǐ，易错读成 zī。"秭"主要义项有：①古代指一万亿。②用于地名，如"秭归"，在湖北。

例　① 在三峡库区腹地，连接国家公路骨干线沪蓉和沪渝高速的控制性工程——香溪长江公路大桥，正在湖北**秭归**（Zǐguī）加紧施工。（2016年8月10日中央电视台《新闻联播》）

② 湖北省宜昌市**秭归**（Zǐguī）县是屈原的家乡，每年端午节都会吸引大量游客。（2017年5月28日中央人民广播电台《央广夜新闻》）

枞阳 Zōngyáng（√）

Zòngyáng（×）	出错率	81.9%
Cóngyáng（×）	频次	2026

释 地名，在安徽。

辨 "枞"有两个读音：zōng 和 cōng。二者易混淆。

读 zōng 时，主要义项有：①用于地名，如"枞阳"，在安徽。②鸡枞，真菌的一种，菌盖圆锥形，中央凸起，熟时微黄色，可以吃。

读 cōng 时，指冷杉。

例 ① 安庆**枞阳**（Zōngyáng），那里是许宝的家乡。（2013年4月14日中央电视台《面对面》）

② 紧靠长江的**枞阳**（Zōngyáng）县城外围水位始终居高不下，加之一号台风尼伯特的逼近，防洪墙的防汛压力倍增。（2016年7月8日中央人民广播电台《全国新闻联播》）

后　记

2016年9月，经过调查研究，我们编写并由商务印书馆出版了《播音员主持人最易读错的100个字》《播音员主持人最易读错的100个词语》和《电视新闻字幕中最易写错的100个词语》三本小册子，受到了广大读者的欢迎。

在后续调查中我们还发现，有些成语和地名等在一些节目也时常会有读错的情况。因此，在以前编写的三本小册子基础上，经过两年多的调查研究，我们又编写了《播音员主持人最易读错的100个成语》和《播音员主持人最易读错的100个地名》，以飨读者。

这两本小册子的出版同样得到了商务印书馆的大力支持。在编校过程中，商务印书馆原总编辑周洪波、商务印书馆副总编辑余桂林、语言学著作期刊编辑室主任朱俊玄和责任编辑丁海燕、乔永等倾注了大量的心血，在此致以衷心的感谢！

后 记

衷心感谢参加问卷调查的各地一线的播音员主持人！特别感谢中国传媒大学的侯敏教授，在审订过程中为两本小册子的修改提出了很多建设性意见！

还要特别感谢前期参与词目挑选、数据调查、问卷设计、调查与数据统计等工作的同学们！高岚、国嘉妮、何晓、黎慧、蒲敏、邱哲文、宋雨萌、孙妍妍、谭瑞雪、王燕燕、习维佳、张茹淇、章晓杰、郑敏妃、朱芷萱等同学参与了本书词目的搜获与挑选。邱哲文进行了候选词目的使用频次统计。张茹淇设计了调查问卷。陈玉龙、崔振华、高岚、国嘉妮、何晓、黎慧、李权、刘鹏、蒲敏、邱哲文、宋雨萌、孙妍妍、王海燕、王燕燕、王玉玲、习维佳、于震、张茹淇、章晓杰、赵洁、郑敏妃、朱芷萱等进行了问卷调查，尤其是章晓杰，本身就是一名新闻主播，他主动对大量一线的播音员主持人进行了候选词目的读音调查。高岚、国嘉妮、何晓、黎慧、蒲敏、邱哲文、宋雨萌、孙妍妍、王燕燕、习维佳、张茹淇、郑敏妃、朱芷萱等对调查问卷数据进行了汇总和统计。

由于水平所限,书中难免存在一些缺陷、谬误和不足,恳请广大读者朋友和专家学者予以批评指正。

编者

2022 年于北京